Friedrich II.
Wonach Er sich zu richten hat

Friedrich II.

WONACH ER SICH ZU RICHTEN HAT

Urteile und Verfügungen

Herausgegeben von
Georg Piltz

Eulenspiegel Verlag Berlin

Illustrationen von Adolph Menzel

Diese Beamten …

Antwort auf eine Beschwerde des Generaldirektoriums wegen Arbeitsüberlastung: »Wen Sie fleisich arbeiten, So können sie ihre arbeit des morgens in Curenten Sachen in 3 Stunden verrichten; wen Sie Sich aber Historien vertzehlen, tzeitungen lesen, So ist der gantze Tag nicht lang genung.«

Randverfügung auf einem Arbeitsbericht des Generaldirektoriums: »Sie sollen mir fordersamst wegen die Remissions einschicken und nicht so faul seindt, nicht so viel reisen, sondern mehr arbeiten, auf das bei Sachen, dar es so höchst nöthig ist, das promte hülfe geschihet, solches nicht verseumet wirdt, aber sie deliberiren heute, was sie schon vohrgestern heten thun sollen. dießes ist vohrs erste eine erinnerung; sie Sollen sich inacht nehmen, das es nicht schlimer kömt.«

Randverfügung auf einem Bericht des Generaldirektoriums über vorbeugende Maßnahmen gegen Überschwemmungen: »Das Directorium weis vihl was überschwemmungen Seindt, Sie laßen got einen guten Man Seindt und wan Sie Nuhr lange Schlafen vihl eßen und wenig arbeit haben So ist ihm alles geleich, Dießes Solte mit güldenen Buch Staben in der versamlung des höchst löblichen Directorio geschrieben werden.«

Randverfügung auf einem Bericht des Generaldirektoriums über die Beseitigung der Hochwasserschäden im Oderbruch: »da mus mit Ernst nach gesehen werden und wohr die Rähte nicht Blei im hindern haben, muß der Treibsamste hingeschicket werden umb die Arbeit zu accelleriren.«

Randverfügung auf einem Gesuch des Präsidenten v. Loeben, ihm mehr Dienstpferde zu bewilligen: »Damit tzihet man ein 24 Canon fort. Ein president ist für Solchen Schwehren Transport nicht wichtig genung. Loeben sol 8 pferde haben und wan er corpulenter wirdt 10 bis 12.«

Randverfügung auf dem Gesuch eines Kammerpräsidenten, ihm seinen Urlaub zu verlängern, da er einen Podagraanfall erlitten habe: »die podagras auf Urlaub die kenne ich, indeß kann er bis den andern Monath dableiben.«

Kabinettsorder an den Minister v. Görne: »... Hiernechst erinnere Euch nochmahlen, in Euren Berichten nicht so abscheulich weitläufig zu seyn, sondern gleich ad rem zu kommen, und nicht 100 Wörter zu einer Sache zu gebrauchen, die mit 2 Wörtern gesagt werden kann. Ihr werdet daher solches künftig beobachten.«

Kabinettsorder an das Generaldirektorium: »... wobey Se. Königl. Maj. dem General Directorium zugleich zu erkennen geben, daß es weit besser ist, wenn dieser Bauer die 398 Thlr. kriegt, und dadurch erhalten wird, als wenn alle Quartal 2000 Thlr. vor Buchdrucker-Buchbinder-Arbeit, auch Schreibereyen, auch anders dergleichen Zeug, verschwendet werden. Das sind alles unnütze Ausgaben, und ist gar nicht abzusehen, wie so grausam viel Geld dazu nöthig ist, und wird also dem General Directorium alles Ernsts hierdurch aufgegeben, darunter auf eine bessere Menage und Oeconomie zu sehen, und das Geld nicht so wegzuschmeißen, sondern es so zu gebrauchen, wo es besser angewandt ist, als zur Conservation der Unterthanen, damit sie bey ihren Höfen erhalten werden, und nicht übern Haufen gehen — das ist besser wie alle unnütze Schreibereyen.«

Randverfügung auf einem Bericht des Kammerpräsidenten der preußischen Provinz Kleve: »Ich muß schlecht von Euch sein informieret worden, oder Ihr seid ein Esel, daß Ihr die Provinz nicht kennet oder ein Windbeutel, der sich um nichts Kümmert; man Kann Keinen dummeren Bericht machen als den Ihr mir da schicket.«

Randverfügung auf einer Anfrage der Kammer, ob das einem Oberstleutnant ohne Abzug bewilligte Gehalt auch von den Stempelgebühren (Stempeljura) befreit sein solle: »Die Leute verstehen nicht deutsch. Wan ich schreibe:

ohne abzuch, ist Clar: Ohne Juhra. Oh, was hätten die Ministers nöhtig, noch in der Schule zu gehen, da wurde der Rector Zeit vertreib haben!«

Randverfügung auf einem unklaren Bericht der Akzis- und Zolldirektion: »Dieses verstehe gar nicht ich bitte um Deutlichen bericht dan in dunkeln Sachen verstee ich armer Teufel nicht. Deutlich, Deutlich.«

Randverfügung auf der Beschwerde eines Pächters wegen ungerechtfertigter Erhöhung der Wiesenpacht: »Der gleichen garstige chicanen So man die leute macht haße ich und werde ich den ersten Camer raht der leute umb ihre poßeßions chicaniret in der Care Schicken. Das Sol allen Cameren Communitziret werden.«

Randverfügung auf einer Beschwerde der Gutsuntertanen von Borgstall, die über die Brutalität der Beamten Klage geführt hatten: »Das Directorium Mus Scharf drauf halten das die Beambten die leüte nicht plaquen und das durch anschläge von denen Cameren den unterthanen nicht das leben So Sauer und Knap gemacht werde das Sie nicht dabei bestehen können Sonderlich in der Cur Mark.«

Randverfügung auf der Eingabe einer Gemeinde, die sich darüber beschwert, daß die Kurmärkische Kammer für unentgeltlich überlassenes Saatgut nachträglich Bezahlung fordert: »Wie könnt Ihr der Kammer das zugeben und wie kann diese sich unterstehen, wenn ich den armen Unterthanen einmal etwas geschenket habe, ihnen nachher etwas abzunehmen? Das ist ganz unverantwortlich.«

Randverfügung auf dem Ersuchen der Domänenkammer, für die Ausbesserung des Weges von Neuruppin nach Rheinsberg 195 Taler zur Verfügung zu stellen: »wenn die anderen anschläge der Dohmänen Cameren so ridicul wie dießer seindt, so meritiren die Kriegs Rähte wekgejaget zu werden, denn die Reparation ist gantz und gar nicht nöhtig, ich Kenn den Wek und mus mir die

Krigs Camer vohr ein großes Beest halten umb mit solches ungereimtes Zeuch und das mihr beßer bekannt ist bei der Nahße Krigen Wollen.«

Randverfügung auf dem Gesuch eines Beamten, der in England Pferde eingekauft hatte und nun bittet, ihn in Anerkennung seiner Verdienste zum Stallmeister zu ernennen: »er hat braf bey Seinen Einkaufe gestohlen er Sol zufrieden Seindt das ich dahzu Stille Sweige aber ihm davohr zum Stallmeister Machen So Nerisch bin ich nicht.«

Randverfügung auf dem Gesuch eines Kriegsrats, der um die Erlaubnis bittet, in französische Dienste treten zu dürfen: »Hat er hier gestolen, so kann er immer dahinn gehen und auch Stelen.«

Randverfügung auf einem Bericht des Generaldirektoriums über Mißstände in der Finanzverwaltung: »es wundert mich, das Sie Solche Liderliche wirtschaft Excusiren. Da habe ich keine Ministers dazu nöhtig und darf ich nuhr

Liderliche Studenten das geldt anvertrauen. über dehm, wohr Sie mihr den Kopf zu Tol machen, Cassire ich einen Schönen Morgen das gantze Directorium und Stelle eine neue Wirtschaft an.«

Randverfügung auf dem Gesuch des Generaldirektoriums, das Gehalt des Kurmärkischen Kammerdirektors von 1200 auf 1500 Taler zu erhöhen: »1200 Rthlr ist genung vohr einen Director, sie müsen erst etwas Rechtes Machen Was hat der Schurke bis dato gethan? Nichts, davohr Krigt er Keine Zulage.«

Antwort auf den Vorschlag des Geheimrats v. Taubenheim, die Gehälter der unteren Beamten aus Ersparnisgründen um die Hälfte herabzusetzen: »Ich danke dem Geheimen Rat von Taubenheim für seine guten Gesinnungen und ökonomischen Rat. Ich finde aber solchen um so weniger applikable, da die armen Leute jener Klasse ohnehin schon so kümmerlich leben müssen, da die Lebensmittel und alles jetzt so teuer ist, und sie eher eine Verbesserung als Abzug haben müssen. Indessen will ich doch seinen Plan und die darin liegende gute Gesinnung annehmen und seinen Vorschlag an ihm selbst zur Ausführung bringen und ihm jährlich 1000 Taler mit dem Vorbehalte an dem Traktament abziehen, daß er sich übers Jahr wieder melden und Mir berichten kann, ob dieser Etat seinen eignen häuslichen Einrichtungen vorteilhaft oder schädlich sei. Im ersten Falle will Ich Ihm von seinem so großen als unverdienten Gehalte von 4000 Talern auf die Hälfte heruntersetzen und bei seiner Beruhigung seine ökonomische Gesinnung loben und auf die anderen, die sich deshalb melden werden, diese Verfügung in Applikation bringen.«

Randverfügung auf einem Rechtfertigungsschreiben des Generaldirektoriums: »Das ist Faule Eier und Stünkende butter.«

Randverfügung auf dem Vorschlag der Kurmärkischen Kammer, einen freigewordenen Posten nicht mit einem invaliden Unteroffizier, sondern mit einem Kanzleidiener zu besetzen: »nein der Unteroficir hat es Sich Sauerer werden laßen als der Cantzelei Dihner und ist das Seine Recompence vohr Seine lange Dinste.«

Randverfügung auf dem Einspruch der Kurmärkischen Kammer gegen die Ernennung eines ehemaligen Feldwebels zum Zollverwalter: »Der feldwebel Sonder Raisoniren Sol es Krigen, es wundert mihr das die Exselentzen nicht einem ihrer Laquaien zu dießem Dienst vohrschlagen.«

Randverfügung auf der Beschwerde eines Beamten, der bei der Beförderung übergangen worden war: »ich habe einen haufen alte Maulesels im Stal die lange den dienst machen aber nicht das Sie Stalmeisters werden.«

Randverfügung auf einem Antrag der Pommerschen Kammer, die Planstellen zu vermehren: »Nichts lauter Wint umb Ihre Mächtige Protection an einen oder anderen Domestiken an Tag zu legen.«

Randverfügung auf der Anfrage des Generaldirektoriums, ob einem Weißgerber gestattet werden dürfe, außerhalb des Landes eine Meistertochter zu heiraten: »Das Directorium soll leute ins landt zihen und nicht hinaus Schaffen. Das Seindt rechte Nersche und ridicule anfragen. sie sollen sich nicht unterstehen, mit dergleichen wiederzukommen!«

Randverfügung auf einem Schreiben der Domänenkammer von Marienwerder in Westpreußen: »Ihr seydt Ertz Schäckers, die das Brodt nicht werth sind, das man Euch giebt, und verdient alle weggejagt zu werden. Wartet nur, daß ich nach Preußen komme!«

Randverfügung auf einem Einspruch des Generaldirektoriums gegen eine königliche Kabinettsorder: »Die Herren Seindt bestellet, Meine Arbeit zu Exsecutiren, aber nicht zu Intervertiren, oder die jenigen, die Sich nicht in Ihre Schranken halten, werde ohne facon cassiren. Sie müßen gehorsamer Sich regiren laßen und nicht regieren.«

Randverfügung auf einem Gesuch der Kanalaufseher, ihre Tagegelder (Diäten) zu erhöhen: »die Schurken Kriegen mihr zufiel Dieten darüber leiden meine Sachen, und Spilen sie sie nur in der Länge absonderlich die Bau Sachen, worauf die Herren Ministres ein wachsames Auge haben Müßen.«

Randverfügung auf einem Einspruch des Generaldirektoriums gegen eine vom König verfügte Versorgungsregelung für einen gewissen Camman: »Fickfackereien und Minister intrigen Caman Sol Das Traktament haben oder ich Werde Meine autoritét gebrauchen.«

Randverfügung auf einem Bericht des Generaldirektoriums über die Schwierigkeiten bei der Fertigstellung des Finowkanals: »Solche Idioten und Schelme wie die Landtbaumeisters bei denen Cameren Seindt in der Welt nicht zu finden, und ich befehle es So Schtrikte als Möglich das in denen Provintzen So Wohl als in Berlin die Kerels Kürtzer gehalten werden, und die Schlechten wek gejaget werden. Es Sol ein anschlach von denen Interessen

des fühne Canals gemacht werden und Sol er Sonder raisoniren 12ten October fertig Seint oder ich Laße den Landtbaumeister hangen, und das Directorium Sol davohr responsabel Sein.«

Randverfügung auf einem Bauplan, den Georg Wenceslaus v. Knobelsdorff verspätet eingesandt hatte: »Ich komm Mein Tage nicht mit Ihm aus der Stelle. Er executiret nichts, wie Ich es haben will, und ist faul wie ein Artilleriepferd.«

Randverfügung auf einer Instruktion des Generaldirektoriums, die Anstellung von Landbaumeistern betreffend: »Alle unßere landtbau Meisters sindt Idiohten oder betriger, also erneüere ich die orders Ehrliche Mauer oder Zimmermeisters zu solchen bau zu Employiren, paleste seindt nicht zu bauen, Sondern Schaf Ställe und Wirtschaftsgebeude, das kan ein Mauerer So guht als paladio; in der Cuhrmark Sollen inskünftige alle ambtsgebeude Masif und solide gebauet werden, das ist Evich.«

Randverfügung auf einem Kostenvoranschlag des Baumeisters Johann Boumann: »Dießen Anschlach hat der Herr Baumann nach seiner gewöhnlichen Überlegung und Tifer Einsicht gemacht. Dießes atestire in Nahmen der Feinsten und geschicksten Bau Ferständigen in sensum Contrarium.«

Randverfügung auf einem Küchenrapport über den in einem Monat verausgabten Wein: »Küche mus kein Wein kriegen, die Schurken die Köche besaufen sich sonsten.«

Die Herren Offiziere

Randverfügung auf dem Gesuch eines Offiziers, der zunächst seinen Abschied verlangt hatte, dann aber um Wiedereinstellung bat: »Die Armee ist Kein Bordell, wo man herein und heraus laufet, hat er quittirt, so hat er Keine Ambition, und dergleichen Officirs sind mir ein Gräuel.«

Randverfügung auf dem Gesuch eines Generals, dem Verlobten seiner Tochter eine Kompanie zu geben: »Companies werden nicht um Weiber allhier vergeben.«

Randverfügung auf dem Gesuch eines Majors, ihm eine Unterstützung zu gewähren: »er hat die Stadt Ordensburg verbrennen lassen und das Regiment hat den ganzen Krieg geberenheitert Solche Leute Krigen nichts.«

Randverfügung auf dem Gesuch eines Hauptmanns vom Neumärkischen Regiment, ihn zum Major zu befördern: »Das Regiment ist beständig vohr den Feindt gelaufen und muß er notwendig allerwegen mitgelaufen seindt, ich avancire die Officiers die den Feindt geschlagen haben, aber nicht diejenigen, die nirgends sich gehalten haben.«

Randverfügung auf dem Gesuch des Ministers v. Hertzberg, einen seiner straffällig gewordenen Vettern als Offizier bei einem Garnisonsregiment anzustellen: »Mein Militaire ist Keine Straf-Anstalt. Er kann aber seinen Vetter in ein Zuchthaus schicken. Ich habe nichts dagegen.«

Randverfügung auf dem Gesuch eines Generalmajors, die Invaliden seines Regiments besser zu versorgen, da sich die Truppe bei Zorndorf und Kunersdorf gut gehalten habe: »das ist nichts. Bei Zorndorf hat das Regiment gelaufen daß ich Sie erst am andern Tag zurückgekrigt habe und bei Kunersdorf seindt sie nicht 8 Minuten ins Feuer geblieben.«

Randverfügung auf dem Gesuch eines Hauptmanns, eine von ihm verfaßte Schrift über die Beschaffenheit des Meeres der Londoner Akademie der Wissenschaften einsenden zu dürfen: »Das kann geschehen. Ich werde aber im Frühjahr Eure Kompanie revidieren, und wenn ich Euch dann mit den Gedanken auf dem Meere und nicht auf dem Lande, wo Ihr zu Hause seid, treffe, so werdet Ihr es mit mir und nicht mit der Londoner Akademie zu tun haben.«

Randverfügung auf dem Gesuch zweier Leutnants, ihrer Mutter, Witwe eines Oberstleutnants, eine kleine Pension zu gewähren: »Er ist niemals verheurathet gewesen, Ihre Mutter war eine schlichte hure, und sie sind Bastarde.«

Kabinettsorder an den Oberst v. Natzmer: »Ich gebe Euch auf Euer Vorschreiben wegen des Rittmeisters von Dingelstädt intendirten Mariage in Antwort, wie Ich nicht gern sehe, wenn die Husaren-Officiers sich so viel verheiraten, welches nicht taugt, dann wann sie alsdenn marchiren sollen, so ist ein Haufen Lermen der Weiber halber.«

Randverfügung auf dem Gesuch eines Majors, ein Fräulein v. Kummer heiraten zu dürfen: »Der Mensch hat so schon Kummer gnug, wozu will Er sich neuen auf den Hals laden? Indeß habe Ich nichts dagegen.«

Randverfügung auf dem Gesuch eines Rittmeisters, die Tochter eines Kameraden heiraten zu dürfen: »So mag er die heyrathen aber Ich sage ihm zum voraus daß wen er sie im Felde schlept oder nur nach die Winter Quartiers Kommen läßt, er vom Regt. Kommt.«

Randverfügung auf dem Gesuch eines Kornetts, zur Wiederherstellung seines Gehörs Karlsbad besuchen zu dürfen: »das Carels baht Kan nichts vohr die ohren.«

Randverfügung auf dem Gesuch eines Hauptmanns, eine reiche Erbin heiraten zu dürfen: »Wenn die Off. heyrathen wollen, sind die Parthien immer reich und Kaum ist der Mann tod hat die Frau nichts und bittet um Pension.«

Randverfügung auf dem Gesuch eines Offiziers, der in den königlichen Forsten einen Hirsch geschossen hatte, dafür zu 100 Talern Strafe verurteilt worden war und den König nun bat, ihm den Frevel zu verzeihen: »Hat nichts zu sagen. Für *den* Preis stehen noch mehr Hirsche zu Diensten.«

Randverfügung auf dem Gesuch des Majors Quintus Icilius, seinen Offizieren die bei der Werbung ausgelegten Gelder zu vergüten: »Seine Officiers haben wie die Raben gestohlen, sie Kriegen nichts.«

Randverfügung auf dem Gesuch eines Hauptmanns, ihn in Würdigung seiner langjährigen Dienste zum Major zu befördern: »Wen Sein Kop wirdt vernünftig werden und er Keine Stänkereien angeben wirdt.«

Randverfügung auf dem Abschiedsgesuch eines kranken Oberst: »Mir geht es auch nicht immer wie ich es gern haben möchte, deswegen muß ich immer König bleiben. Rhabarber und Geduld wirken vortrefflich.«

Kabinettsorder an den Rittmeister Tydaeus: »Ich kann Euch auf Euer Schreiben v. 21. Junii nicht anders bescheiden, als Ich bereits gethan, daß Ich nemlich nicht gerne sehe, wenn ein braver Husaren Officier sich verheirathet, weil solches seinen Umständen, so ein freies Herz erfordern, nicht convenable ist, und er sich, anstatt des hoffenden Vortheils, nur viele Sorgen auf den Hals ziehet.«

Randverfügung auf dem Gesuch eines Majors, sich zum vierten Male verheiraten zu dürfen: »Von jetzt ab Kan sich der Major so oft verheirathen als er will.«

Randverfügung auf dem Heiratsgesuch eines Husarenoberst für einige Offiziere seines Regiments: »wann Huzaren Weiber nehmen So Seindt Sie Selten noch dan ein Schus pulver wert aber wen er Meinte daß Sie doch guth Dinen würden, So wollte ich es erlauben.«

Über Prinzen, Grafen und andere Durchlauchtigkeiten

An seinen Bruder Heinrich: »Mein Herr Bruder! Ich habe es für gut befunden, Ordnung in Dein Regiment zu bringen, da es zu verlottern drohte. Ich bin Dir für meine Handlungen keine Rechenschaft schuldig. Habe ich Änderungen vorgenommen, so waren sie am Platze. Du hättest Ursache, in Deiner Führung viel zu ändern; aber ich behalte mir vor, ein anderes Mal darauf zurückzukommen. Für heute habe ich Dir nicht mehr zu sagen.«

Antwort auf einen Rechtfertigungsversuch seines Bruders August Wilhelm, durch dessen Schuld mehrere wichtige Magazine verlorengegangen waren: »Du wirst immer nur ein jammervoller Heerführer sein. Befehlige doch einen Harem von Hoffräuleins, meinetwegen; solange ich am Leben bin, vertraue ich Dir nicht mehr den Befehl über zehn Mann an. Wenn ich tot bin, mache so viele Dummheiten, wie Du willst; die gehen dann auf Deine Rechnung. Aber solange ich lebe, sollst Du keine mehr machen, die dem Staat zum Nachteil ausschlagen. Das ist alles, was ich Dir zu sagen habe.«

Antwort auf das Gesuch seines Bruders August Wilhelm, ihm den Abschied aus der Armee zu gewähren, da er sich durch den Rüffel des Königs in seiner Ehre gekränkt fühle: »Was, Du willst fliehen, während wir kämpfen, um Dich und Deine Familie dem Staat zu erhalten? Du willst den Feiglingen im Heer ein Beispiel geben, damit sie sagen können: wir verlangen nur das, was man dem Prinzen von Preußen gewährt hat? Schäme Dich bis in den Grund Deiner Seele über das Ansinnen, das Du mir stellst. Du sprichst von Deiner Ehre. Sie verpflichtete Dich, die Armee gut zu führen und nicht auf einmal vier Bataillone, Dein Magazin und Dein Gepäck zu verlieren. Ich werde Dir nie wieder ein Kommando anvertrauen, solange ich nicht eine überflüssige Armee habe. Aber Du kannst in die eintreten, die ich führe, ohne daß Deine Ehre

darunter leidet. Wenn Du nach Berlin gehst, läufst Du in kurzem Gefahr, entweder von einem Streifkorps gefangen zu werden oder Dich mit den Frauen in eine Festung retten zu müssen. Wahrhaftig eine schöne Rolle für einen Thronerben! Du verstehst ebensowenig Dich zu benehmen wie eine Armee zu führen; davon bin ich aufs tiefste durchdrungen.«

An Voltaire: »Ich danke Ihnen für den ›Katechismus der Fürsten‹; ich hätte ein solches Werk aus der Feder des Herrn Landgrafen von Hessen nicht erwartet. Sie tun mir zuviel Ehre an, wenn Sie mich als seinen Lehrmeister betrachten. Wäre er aus meiner Schule hervorgegangen, so wäre er nicht Katholik geworden und hätte seine Untertanen nicht wie Schlachtvieh an die Engländer verkauft. Das läßt sich nicht mit dem Charakter eines Prinzen vereinigen, der sich als Lehrer der Fürsten aufspielt. Schmutziger Geiz ist die einzige Triebfeder seiner nichtswürdigen Handlungsweise. Ich beklage die armen Hessen, die ebenso traurig wie nutzlos in Amerika ihr Ende finden werden.«

An Voltaire: »Während des Krieges herrschte in Breslau eine Seuche, 120 wurden täglich bestattet; da sagte eine Gräfin: ›Gott sei Dank, der hohe Adel ist verschont, es ist nur das Volk, das stirbt.‹ Da haben Sie ein Beispiel, wie die hochstehenden Leute denken, die meinen, sie bestünden aus kostbareren Molekülen als das gemeine Volk, das sie unterdrücken.«

Randverfügung auf dem Gesuch einer Gräfin, ihren Sohn als Offizier in die preußische Armee aufzunehmen, um ihn durch eine strenge Disziplin vom Laster des Trunks zu befreien: »ich Suche guhte officirs aber was liderlich ist wirt weckgejaget mit der gleichen läute ist mihr nicht gedient.«

Antwort auf das Gesuch eines Grafen, seinen Sohn zum Offizier zu ernennen: »Junge Grafen, die nichts lernen, sind Ignoranten in allen Ländern. In England ist der Sohn des Königs nur Matrose auf einem Schiff, um die Manoeuvres dieses Dienstes zu lernen. Im Fall nun aus einem Grafen etwas werden und er der Welt und seinem Vaterland etwas nützen soll, so muß er sich

auf Titel und Geburt nichts einbilden, denn das sind nur Narrenspossen, sondern es kommt allezeit auf sein mérite personnel an.«

Randverfügung auf dem Abschiedgesuch eines Grafen: »An die Grafen im Dienst ist nichts, halten niemals lange aus er kann den Abschied kriegen!«

Randverfügung auf dem Gesuch einer Gräfin, ihrem Sohn wegen Krankheit den Abschied zu gewähren: »Die Grafens Seindt alle Krank, wenn Sie dihnen.«

Randverfügung auf dem Gesuch eines Grafen, ihm eine Kompanie zu geben: »Wenn er erst eine beßere Conduite und ein Vernünftiger und gesetzter Mann und Officier würde alle Narrens Possen aus dem Kopf ließe, Möchte sich selbst erinnern, wie oft er hat in arrest gesessen, wegen seiner üblen Aufführung, cassiert und alles. Ich frage den Teuffel nach dem Grafen, eine vernünftige Aufführung macht einen guten Officier aus.«

Randverfügung auf dem Gesuch eines Grafen, der König möge ihm ein Darlehen von 1000 Talern gewähren: »Er möchte sich Schämen, da er zu leben hätte zu prätendiren ich sol ihm Geld geben was vohr Rouinierte Familien destiniret ist, er möchte nur Vernünftig wirtschaften, So würde er genug haben, aber Brot Dieben gebe ich nichts.«

Randverfügung auf dem Gesuch eines Grafen, ihm den Titel eines Kammerherrn zu verleihen: »Beim Kammerherrn Kömmt nichts heraus das heißt nur auf gut deutsch einen Hoffschlingel.«

Randverfügung auf dem Gesuch eines Grafen, ihm das Privileg zu verleihen, sich bei seinen Ausfahrten von einem Postillon mit Posthorn begleiten zu lassen: »Ich erlaube Euch alle Arten von Hörnern zu tragen, nur keine Posthörner.«

Bürger, bleib bei deinen Leisten ...

Randverfügung auf dem Gesuch eines bürgerlichen Kammerdirektors, seinen Sohn, der als Leutnant in einem Garnisonsregiment Dienst tat, zu einem Linienregiment zu versetzen: »Ich liebe Kein unadlich geschmeis unter der armée es ist genug das Sein Sohn bei Einem Garnison regiment als officir passiret.«

Randverfügung auf einer Anfrage, ob es Bürgerlichen erlaubt sei, Adelsgüter zu erwerben: »Bürger können Handelsleute sein da thun sie besser, wenn sie ihr Geld ins Commerce stechen, da verdienen sie mehr als wenn sie Güther haben. Güther ist nur Sache der Edelleute die müssen Güther haben aber Bürger nicht allenfalls in Westpreußen, von den Pohlen Güter, da geht es eher an.«

Randverfügung auf dem Gesuch eines Kaufmanns aus Stettin, ein Adelsgut für 40 000 Reichstaler kaufen zu dürfen: »40 000 Rthlr. in Negotio erbringen 8 % in Güther nur 4 also versteht er sein Handwerk nicht, ein Schuster muß Schuster sein. Ein Kaufmann muß handeln und Keine Güter haben.«

Randverfügung auf dem Gesuch eines Kaufmanns aus Königsberg, ein kleines Adelsgut erwerben zu dürfen: »er Sol sein geldt in Seiner fabrique Stechen, das ist ein würkliches guht vohr ihm.«

Randverfügung auf dem Gesuch des Landwirts Filegel, ein Adelsgut kaufen zu dürfen: »Flegels haben Wir genung im lande, dergleichen Colonien Dihnen nicht, überdem Kan er kein adliches guht kaufen Weil er nicht von Adel ist.«

Randverfügung auf dem Gesuch eines aus Frankreich eingewanderten Strumpffabrikanten, der bereits neun Webstühle aufgestellt hat und nun um einen Vorschuß von 2000 Talern bittet: »er Mus an Ursinus Schriftlich zei-

Kretzschmar

gen was ihm versprochen worden, 9 Stülle ist eine Lumperei wan er Mehr etabliren wollte Könte man ihm wohl vohrschus geben aber man Mus wißen ob er ein guter industrieuseur Mensch oder eine liderliche Canalie ist.«

Randverfügung auf dem Gesuch eines Potsdamer Samtfabrikanten, ihm Lieferungen für die Armee zu übertragen: »er hat eine Samptfabrike die Sol er nuhr guht pousiren So hat er genug zu thun und Sol von den anderen Sachen abstrahiren.«

Randverfügung auf dem Gesuch, das Wahlrecht bei Landratswahlen auch auf bürgerliche Gutsbesitzer auszudehnen: »Nein die adlichen Sollen in Keinem Stück in ihren privilegia gekrenket werden, Sie Sollen allein wehlen.«

Randverfügung auf einem Gesuch des Generaldirektoriums, bei einem Streit zwischen einem Amtmann und einem als Querulanten bekannten Adligen den Amtmann in Schutz zu nehmen: »Die Herren Seindt gahr zu Zornich es

Kan mihr Schreiben wehr wil und ein Edelmann der gegen einen ambtman Klagt meritiert nicht Festungs Strafe aber wohl ein ambtmann der einen Edelmann beleidiget.«

Randverfügung auf dem Gesuch eines bürgerlichen Gutsbesitzers, ihm zum Wiederaufbau seines abgebrannten Hauses Bauholz zu schenken: »das geschihet nuhr denen adlichen, burger krigen nichts.«

Randverfügung auf dem Gesuch eines Feuerspritzenmeisters, seinem Sohn ein Stipendium zu gewähren: »Was wil ein Feuer Spritzen Meister Sohn Studiren? Der Mus feuer Spritzen vom Vahter lernen.«

Randverfügung auf dem Gesuch eines Küchenschreibers um eine Beihilfe, damit seine drei ältesten Söhne ihr Studium fortsetzen können: »Tischler fabricant schreiber bei amtsleuten soldat, Bildhauer etc. das Seyndt professions wohr seine Kinder von Leben können.«

Randverfügung auf dem Gesuch eines Generalleutnants, seinem Schwager zu erlauben, eine Bürgerliche zu heiraten: »Fui wohr Er So was vohrschlagen Kan.«

Randverfügung auf dem Gesuch eines Kantors um ein Stipendium für seine beiden Söhne: »Weis nicht, ob dergleichen zu vergeben habe und es ist ja überhaupt nicht nötig daß jeder Kantor seine Söhne studieren läßt, sie können auch Schneider werden.«

Randverfügung auf dem Gesuch einer Witwe, ihren als Tänzer ausgebildeten Sohn an der Berliner Oper zu beschäftigen: »Soll sich was schämen soll ihren Sohn eine ordentliche profession lernen laßen, das sind lauter Narrenpossen.«

Randverfügung auf dem Gesuch eines Majors, eine Bürgerliche heiraten zu dürfen, von der er bereits zwei Kinder habe: »Keine Heirat die für einen Offizier unanstendlich ist.«

A. Menzel

Randverfügung auf dem Gesuch eines Stabsrittmeisters, die Tochter eines bürgerlichen Domänenpächters heiraten zu dürfen: »Mit der Heirath wird nichts guhtes herauskommen. Sein Vater ist geadelt worden und er will Schon ein Pechter Mensch heyrathen.«

Randverfügung auf dem Gesuch eines Majors, seinem Schwiegersohn, einem reichen Gutsbesitzer, den Adel zu verleihen: »Man adelt nur diejenigen Leute, die Verdienste haben und sich vorzüglich meritiert gemacht. Aber nicht Kerls, die bloß reich werden.«

Randverfügung auf dem Gesuch eines Oberst, seinem Schwiegersohn, dem Theologen Johann Christoph Woellner, später als Urheber der berüchtigten Zensur- und Religionsedikte von 1788 bekannt geworden, den Adel zu verleihen: »Das gehet nicht an, ich nobilire, wenn einer sich durch den Degen Meriten erwirbt, aber der Wölner ist ein betriegerischer, und intrigenter Pfaffe, weiter nichts.«

Randverfügung auf dem Gesuch eines Kammerrats um Verleihung des Adels: »Sein Vater hat das Vermögen mit Dieberey zusammengebracht dergl. Leute kann ich nicht adeln.«

Randverfügung auf dem Gesuch zweier Brüder, den Namen ihres verstorbenen adligen Onkels annehmen zu dürfen: »Das geht nicht an und würde zu einer Prostitution des Adels und denen Leuten selbst zur Last und Schande seyn, da sie selbst nicht adelich gewesen.«

Randverfügung auf dem Gesuch eines unehelich geborenen bürgerlichen Artillerieleutnants, ihn zu legitimieren: »Wer wird alle hurkinder naturalisieren.«

Randverfügung auf dem Gesuch eines Kriegsrats, den Adel zu erneuern, den seine Familie angeblich früher besessen hat: »Wenn man solche Schäker adeln wollte, so müßte man es in der Raserei thun.«

Randverfügung auf einem Bittgesuch der Bürgerschaft von Potsdam, der König möge ihr eine Beihilfe zur Bezahlung der österreichischen Kriegskontribution gewähren: »Sie mögen Sehen wie Sie die Schulden bezahlen, ich werde das liderliche Gesindel nicht einen groschen geben.«

Kabinettsorder an den Generalchirurgen Johann Leberecht Schmucker: »Se. Königl. Maj. laßen dero General Chirurgus Schmucker auf deßen Schreiben vom 7. dieses hierdurch zu erkennen geben, wie das alles, was er darin anführen will, nur Windbeuteleyen sind. Was Höchstdieselbe längst von ihm geglaubt, das haben Sie nun erfahren, denn er ist abscheulich negligent und widersetzlich gewesen, und hat den ihm vorgesetzt gewesenen Obrist Pelchrzim gar keine Folge leisten, und sich an die ihm vorgeschriebene Ordnung nicht binden wollen. Dieses sein ungebührliches Betragen ist nicht zu verantworten, und gereichet allerdings zu Se. Königl. Maj. höchstem Mißfallen. Welches ihm hierdurch nochmahlen auf das ernstlichste zu erkennen gegeben wird. Wornach er sich also richten kann.«

Randverfügung auf dem Gesuch eines bürgerlichen Kammerdirektors, ihm den Abschied und eine Pension von 400 Reichstalern zu gewähren: »guht mit der Nohte 200 Rth ist vohr den Kerel genug, manche officirs die Ihr leben exsponirt haben krigen nicht mehr wan Sie Invalide Seindt.«

Randverfügung auf dem Gesuch mehrerer Sekretäre, der König möge entscheiden, in welchem Rangverhältnis sie zu dem Militär stünden: »Mit einem Freikorporal, und ist dieser mit zu Felde gewesen, so hat dieser den Vorrang vor euch.«

„Ich kenne alle Advokaten-Streiche ..."

Antwort auf eine Beschwerde des Justizministers, der sich und seine Beamten ungerecht behandelt glaubte: »Der Herr wird mir nichts weiß machen. Ich kenne alle Advokaten-Streiche und lasse mich nicht verblenden. Hier ist ein Exempel nötig, weiln die Canaillen enorm von meinem Namen Mißbrauch haben, um gewaltige und unerhörte Ungerechtigkeiten auszuüben. Ein Justitiarius, der chicaniren tut, muß härter als ein Straßen Räuber bestrafft werden. Denn man vertraut sich am erstern, und vor letzterm kann man sich hüten.«

Kabinettsorder an die Kurmärkische Kammer: »Dieweil bishero verschiedene Beamte die Bauern mit Stockschlägen übel tractiret haben, Wir aber dergleichen Tyrannei gegen die Unterthanen durchaus nicht gestatten wollen, so wollen Wir, daß, wenn forthin einem bewiesen werden kann, daß er einen

Bauer mit dem Stock geschlagen habe, ersterer sodann deshalb alsofort und ohne einige Gnade auf sechs Jahre zur Vestung gebracht werden soll, wenn auch schon der gleiche Beamte der beste Bezahler war und seine Pacht sogar pränumerirte.«

Kabinettsorder an den Großkanzler Samuel v. Cocceji: »Es ist von den Geheimen Rath und General Auditeur Mylius die in original hierbey kommende Criminal-Senats-Sententz wider die Generalin Gräfin v. Geßler, in puncto verschiedener von ihr gegen die Unterthanen auf ihren Güthern in Preußen verübten Grausamkeiten, nebst anliegenden original Bericht, an Mich eingesandt worden. Woraus Ich ersehe, daß gedachter Gräfin Geßler wegen ihres gegen gedachte Unterthanen, und insonderheit gegen eine von ihren Dienst-Mägden verübten unmenschlichen Verfahrens, ein persönlicher arrest auf 6 Jahre zuerkannt worden.

Da ich diese Strafe gegen die von erwehnter Gräfin Geßler verübten Verbrechen von gar keiner proportion finde und versichert bin, daß wenn eine gerin-

gere und particulier Persohn dergleichen Verbrechen verübet, wider solche in conformité der Gesetze gewiß weit härter erkandt seyn würde;
So habe Ich Euch hierdurch auftragen wollen, die sämtlichen Acta von gedachten Geheimen Rath Mylius abfordern und alsdann solche unter Eurer Direction durch rechtschaffene und geschickte Leuthe revidiren, auch über die Sache alsdann ein nach aller rigueur derer Gesetze conformes Urthel, ohne einige Neben Absichten und personellen respecten, abfassen und solches sodann zu Meiner approbation einsenden zu lassen.
Ich finde dieses, und daß ein rigoureuses Exempel statuiret werde, um so viel nothwendiger, damit andere Edelleuthe, bey welchen dortiger Orthen das grausame und unmenschliche Betragen gegen die Unterthanen ihrer Güter ziemlichermaßen eingerissen, dadurch einmahl abgeschrecket und zurückgehalten werden.«

Antwortet an den Grafen Geßler, der um Gnade für seine Frau gebeten hatte:
»So sehr es mir auch leid thut, daß Ihr die besondere Fatalité erleben müßt,

so werdet Ihr doch selbst als ein vernünftiger Mann in Erwägung ziehen, daß die Justiz vor jedermann und alle Leute sonder Ausnahme ist, und daß also, wenn auch Personen von Stande oder Edelleute sündigen, selbige nach den Regeln des Rechts davor büßen und gestraft werden müssen, und zwar solche um so mehr, da wenn dergleichen Leute darunter ausgenommen wären und ihnen frei bleiben sollte, dergleichen als in diesem Fall geschehen, ohngestraft zu unternehmen, solches bei andern ebenmäßig einreißen und von sehr üblen Consequenzen sein würde.«

Kabinettsorder an den Großkanzler Samuel v. Cocceji: »Se. Königl. Maj. ertheilen dero Etats-Ministre v. Cocceji auf seine Vorstellung vom 6. dieses wegen des Bauern Falcken hierdurch in Antwort, daß es schlecht eingesehen ist, wenn man von einem armen Bauer wider alle Möglichkeit 700 Thlr. durch das Gefängniß erzwingen will. Wenn alle Dero Bauern auf solche Arth dergleichen bezahlen sollten, so würden die Festungen und Gefängnisse volkreich werden, die Dörffer aber wüste seyn; Und wollen demnach Höchstdieselbe, daß sonder alles raisonniren gedachter Bauer auf freien Fuß gestellet werden soll. Wie denn Höchstdieselbe alles Ernstes verbieten, in dieser Sache mit weiteren Vorstellungen behelligt zu werden.«

Randverfügung auf dem Vorschlag des Generaldirektoriums, einen Untergebenen wegen entdeckter Verfehlungen mit vier Wochen Festungsarbeit zu bestrafen: »Zu 8 Tage. Ministers die nicht wißen was in der Care gehen heißet, Können schon schwehre uhrtels fällen. 4 Wochen ist viel 8 Tage ist zu einer Correction genung.«

Antwort auf das Ansuchen eines Ministers, das gegen eine Kindsmörderin gefällte Todesurteil zu bestätigen: »Ich remittire Euch beikommende Ordre unvollzogen. Ihr hättet von selbsten leicht einsehen können, wie es sich ganz nicht schicke, Mir Rubriquen, so mit so viel juristischem Latein bespicht sind, vorzulegen, da solche zwar denen Juristen-Facultäten, Schöppenstühlen und Kriminalgerichten bekannt genug sein mögen, vor Mir aber lauter Arabisch

sind. Ihr hättet solches auch in dieser Pièce soviel mehr verhüten sollen, da es auf Menschenleben ankommt und ich keineswegs dergleichen mit so vielen Mir unbekannten Worten angefüllete Confirmationes unterschreiben kann, ohne den wahren Inhalt zu wissen.«

Randverfügung auf dem Gesuch eines wegen Zollhinterziehung verurteilten Kaufmanns, der unter Berufung auf die Milde des biblischen Königs David um Erlassung der Strafe gebeten hatte: »Der König David hat nie mit Contrebandiers zu thun gehabt, und also hat der Herr Patron seine Bibellecture hier sehr unnütz angebracht; weil er mir aber die Ehre erwiesen hat, Mich mit dem König David zu vergleichen, so Kann man den Schlingel laufen lassen. Kommt er wieder, so marchirt er mit sammt seinem König David nach Spandau.«

Randverfügung auf einem Urteil gegen einen Soldaten, der eines »Vergehens wider das 6. Gebot mit einer ledigen Weibes-Persohn« bezichtigt worden war:

»Was hat das Directorium Mit Meine Mußquetirs zu thun, wen ein jeder Minister der Huret Solte nach denen gesetzen gestraft werden so weis ich gewis das es Mit einige Schlecht aus Sehen würde, und die Selber nicht reine Seindt die Wollen meine Musquetirs verdamm?«

Randverfügung auf dem Urteil gegen den Bauern Havenbrock, der einen Prozeßgegner im Streit erschlagen hatte und zu drei Jahren Zuchthaus verurteilt worden war: »Seid Ihr Richter, Studierte und gelehrte Räte, so sollt Ihr Euch schämen, dergleichen Urteil und Sentenz abzufassen. Ich will nach der Vernunft und dem Rechte der Natur, daß Havenbrock geköpft und sein Körper verscharrt werden soll.«

Randverfügung auf einem Urteil gegen einen Soldaten, der wegen Zollvergehens zu 2000 Taler Strafe verurteilt worden war: »Bevor Ich gegenwärtiges Urteil bestätige, bin Ich doch neugierig, die Mittel zu wissen, deren man sich bedienen will, einen Soldaten 2000 Taler bezahlen zu lassen.«

Randverfügung auf dem Gesuch eines Adligen, ihn gegen ein Urteil der Justiz in Schutz zu nehmen: »er Kan Keine Viollance von mihr fordern, meine Schuldigkeit ist die gesetze zu unterstützen aber nicht umzuwerfen.«

Randverfügung auf dem Gesuch eines Geheimrats, ein gegen seinen Schwager ergangenes Urteil nicht in den öffentlichen Blättern zu publizieren: »es mus in dergleichen Fällen gerade durch gegangen und derjenige welcher infamien begehet und wenn er von Königlichem Geblüte wäre bestraft werden.«

Randverfügung auf dem Urteil gegen einen Handwerksgesellen, der wegen Mordes an einem Kind zu lebenslänglichem Zuchthaus verurteilt worden war: »Das ist Nichts als ledige und Dumme Vohrwort. Der Kerl hat ein Kind umgebracht, wenn er Soldat So würde er ohne Priester exsecutirt, und weillen diese Canaille ein Bürger ist, So macht man ihn melancholisch, umb ihn zu retten. Schöne Justiz.«

Randverfügung auf dem Todesurteil gegen einen Schäfer, der aus religiösem Fanatismus seinen Sohn umgebracht hatte: »Galgen und Rad bessern solche Narren nicht. Bringt den Kerl ins Tollhaus und laßt ihn dort menschlich und vernünftig behandeln.«

Jeder nach seiner Fasson . . .

An Voltaire: »Sie glauben, nach meiner Meinung bedürfe das Volk des Zügels der Religion. Ich versichere Ihnen, das ist nicht meine Ansicht; im Gegenteil, die Erfahrung macht mich zum Anhänger Bayles. Eine Gesellschaft kann nicht ohne Gesetze, wohl aber ohne Religion auskommen, vorausgesetzt, daß es eine Gewalt gibt, die die große Masse durch Strafen zur Befolgung der Gesetze zwingt.«

An Voltaire: »Der menschliche Geist ist schwach. Über Dreiviertel der Welt sind zu Knechten des aberwitzigsten Fanatismus bestimmt. Die Furcht vor Hölle und Teufel trübt ihren Blick, und sie verabscheuen den Weisen, der ihnen das Licht bringen will. Die große Masse unseres Geschlechts ist dumm und boshaft. Umsonst suche ich in dem Menschen das Abbild Gottes, das ihm nach der Behauptung der Theologen eingeprägt sein soll. Jeder Mensch trägt eine wilde Bestie in sich. Wenige nur verstehen, sie zu fesseln. Die meisten lassen den Zügel locker, sobald die Furcht vor den Gesetzen sie nicht hemmt.«

An Voltaire: »Die Toleranz muß jedem Staatsbürger die Freiheit sichern, zu glauben, was er will. Aber sie darf nicht so weit gehen, daß sie die Frechheit und Zügellosigkeit junger Hitzköpfe gutheißt, die das vom Volke Verehrte dreist beschimpfen. Das ist meine Ansicht. Sie deckt sich mit dem, was zur Sicherung der Freiheit und der öffentlichen Ruhe nötig ist – und das ist das erste Ziel jeder Gesetzgebung.«

An d'Alembert: »Die Wundersysteme sind für das Volk gemacht. Man schafft eine lächerliche Religion ab und führt eine noch sinnlosere ein; es gibt wohl Umwälzungen in den Meinungen, aber stets löst ein Kult den anderen ab. Ich halte es für gut und sehr nützlich, die Menschen aufzuklären. Den Fanatismus

bekämpfen, heißt das grausamste und blutgierigste Ungeheuer entwaffnen. Wer den Mißbrauch des Mönchstums und die Keuschheitsgelübde brandmarkt, die den Zwecken der Natur und der Vermehrung zuwiderlaufen, erweist dem Vaterlande einen wirklichen Dienst. Aber ich halte es für ungeschickt, ja für gefährlich, zu verbieten, daß die Kinder öffentlich mit Aberglauben gefüttert werden, wenn ihre Väter das wollen.«

Randverfügung auf einem Vorschlag des Ministers Karl Abraham von Zedlitz zur Verbesserung der Volksschulen: »Aber Luthers Katechismus soll bleiben, denn es ist das beste Schulbuch für den gemeinen Mann.«

Randverfügung auf dem Urteil gegen einen katholischen Soldaten, der einen Opferstock beraubt und sich vor Gericht mit der Behauptung verteidigt hatte, die heilige Jungfrau habe ihm das Geld geschenkt: »Der vorgebliche Übeltäter wird von der Strafe losgesprochen, da er zumal den Diebstahl zu leugnen beharrt und nach der Erklärung der Theologen seiner Kirche das gewirkte

Wunderwerk nicht unmöglich ist. Allein für die Zukunft verbiete ich ihm bei harter Strafe, weder von der heiligen Jungfrau noch von irgendeinem anderen Heiligen irgend etwas mehr anzunehmen.«

Antwort auf eine Anfrage des Generaldirektoriums, ob ein Katholik in einer preußischen Stadt das Bürgerrecht erwerben dürfe: »Alle Religionen seindt gleich und guht, wan nuhr die leute, so sie profesieren, Erlige leute seindt, und wen Türken und Heiden kähmen und wollten das Land pöplieren, so wollen wir sie Mosqueen und Kirchen bauen.«

Randverfügung auf der Anfrage eines Bürgermeisters, wie ein Übeltäter zu bestrafen sei, der Gott, den König und den Magistrat gelästert habe: »Daß der Arrestant Gott gelästert hat, ist ein Beweis, daß er ihn nicht kennt; daß er mich gelästert hat, vergebe ich ihm, daß er aber einen edlen Rat gelästert hat, dafür soll er exemplarisch bestraft werden und auf eine halbe Stunde nach Spandau kommen.«

Randverfügung auf dem Gesuch eines Geistlichen um Erhöhung seines Gehalts, da er mit 400 Taler im Jahr nicht auskommen könne: »400 Rthlr. vohr einen Pfafen der nichts zu thun hat ist mehr wie zufihl.«

An die Herzogin Luise Dorothea von Sachsen-Gotha: »Ich bedaure, daß ich Ihre Meinung über das Wirken der Vorsehung nicht teile. Ich kann mich nicht von dem Vorurteil frei machen, daß Gott im Krieg auf seiten der stärksten Schwadronen steht.«

Antwort auf eine Anfrage des Geistlichen Departements, ob die Katholiken in Krefeld eine Schule bauen dürften: »In Meinem Lande Seindt alle Religionen frei, also Sol ihnen die Schule verstatet werden.«

Randverfügung auf einem Antrag der Universität Halle, alle Komödianten aus der Stadt zu weisen: »Das ist das geistliche Muckerpack schuldt dran, sie Sollen Spillen und Franke oder wie der Schurke heißt, Soll darbei Seyndt.«

Randverfügung auf dem Bericht, der die Ausführung des oben wiedergegebenen Befehls meldet: »ins künftige werden die Herren Pfafen wohl vernünftiger werden und nicht gedenken das Directorium und mihr Nasen anzudrehen. Die Halischen Pfafen müssen kurz gehalten werden; Es seindt Evangelische Jesuiter und Mus Man Sie bei alle Gelegenheiten nicht die Mindeste Auctorität einräumen.«

Randverfügung auf dem Ersuchen, einen Gesangbuchstreit innerhalb der lutherischen Kirche zu entscheiden: »Ein jeder Kann bei mir glauben was er will, wenn er nur ehrlich ist. Was die Gesangbücher angeht, so steht einem jeden frei zu singen: ›Nun ruhen alle Wälder‹ oder dergleichen dummes und thörigtes Zeug mehr. Aber die Priester müssen die Toleranz nicht vergessen, denn ihnen wird keine Verfolgung gestattet werden.«

An die Herzogin Luise Dorothea von Sachsen-Gotha: »Wer ehrlich nach Wahrheit sucht, wird für seine Brüder stets Nachsicht haben. Nur der Dünkel

A. Menzel.

des Parteigeistes und der persönliche Eigennutz, der die Sache Gottes als Deckmantel benutzt, drückt den Verfolgern das Schwert in die Hand, das sie vom Altar nehmen. Das ist es, warum ich dem Glaubenseifer der Frömmler mißtraue.«

Randverfügung auf einem Bericht der Kammer über die Gefahren, die sich aus einer Aufhebung der Zeitungsvorzensur ergeben würden: »Gazetten, wenn sie interessant sein sollen dürfen nicht genieret werden.«

An den französischen Mathematiker und Philosophen Jean le Rond d'Alembert, der ihm wegen seiner Ablehnung des »Systems der Natur« von Paul Thiry de Holbach Unduldsamkeit vorgeworfen hatte: »Man kann verschiedener Meinung sein, ohne sich zu hassen und besonders ohne sich zu verfolgen. Ich habe den Verfasser des ›Systems der Natur‹ widerlegt, weil seine Gründe mich nicht überzeugt haben. Trotzdem: wenn man ihn verbrennen wollte, würde ich Wasser herbeitragen, um seinen Scheiterhaufen zu löschen.

Das ist die richtige Denkweise für den, der sich mit Philosophie befassen will, oder er soll auf den Philosophentitel verzichten.«

Antwort auf eine Anfrage des Geistlichen Departements, ob die katholischen Schulen weiterbestehen sollten: »Die Religionen müssen alle tolleriret werden und mus der Fiscal nuhr das Auge darauf haben, daß keine der andern Abruch tuhe, den hier mus ein jeder nach seiner Fasson selich werden.«

Randverfügung auf dem Gesuch des Predigers Pels um Erhöhung seines Gehalts: »Die apostelen Seindt nicht gewinn Süchtig gewesen Sie haben umb Sonst gepredigt, der Herr Pels hat keine apostolische Sehle und denket nicht das er alle gühter in der Welt vohr nichts ansehen mus.«

Randverfügung auf einer Anfrage der Kammer, wie zwei Potsdamer Buchhändler bestraft werden sollen, die ohne Genehmigung eine Schrift des französischen Materialisten La Mettrie veröffentlicht hatten: »Was in Potsdam gedruckt wird geschihet unter meinen augen und wen es vohr einigen fafen nicht gefelt, so verbittet man ihnen auch nicht, dergleichen Impertinentzien zu Drucken.«

Randverfügung auf dem Gesuch der Pfarrer von Giebichenstein, ihnen eine wegen Kaffeeschmuggels verhängte Geldstrafe zu erlassen: »Sie sollen es machen wie ihre Väter und des Morgens Biersuppe essen so werden sie des Caffees halber nicht gestraft.«

Randverfügung auf dem Gesuch eines Pfarrers um Versetzung an den Dom zu Berlin: »Jesus Saget mein Reich ist nicht von dieser welt So müssen die prediger auch dencken, denn Predigen Sie Nach Ihren Thodt im Duhm vom Neuen Jerussallem.«

Randverfügung auf der Anfrage des Konsistoriums von Magdeburg, ob ein Mann die Witwe seines Onkels heiraten dürfe, was nach dem geistlichen

Eherecht verboten war: »Ich als Wicarius Jesu Cristi und Ertzbischoff zu Magdeburg befehle, das sie Ehlich zusammengegeben werden.«

Randverfügung auf dem Gesuch eines Pfarrers um Bewilligung eines Zuschusses zum Unterhalt seines Pferdes: »Es heißt nicht: reitet in alle Welt, sondern gehet in alle Welt und prediget allen Völkern.«

Randverfügung auf einem Einspruch der Bürgerschaft von Charlottenburg gegen die Berufung des Pfarrers Eberhard, weil dieser behauptet hatte, auch der heidnische Philosoph Sokrates sei der ewigen Seligkeit teilhaftig geworden: »Socrates soll selig sein und Eberhard Pfarrer werden.«

Randverfügung auf dem Gesuch einer Gemeinde in Pommern, die um einen anderen Pfarrer gebeten hatte, weil der amtierende die Auferstehung des Fleisches leugne: »Der Pfarrer bleibt. Wenn er am jüngsten Tage nicht mit aufstehen will, kann er ruhig liegenbleiben.«

Randverfügung auf dem Gesuch einer verwaisten Pastorentochter, ihr eine kleine Pension zu gewähren: »Die Prister Döchter, warum heirathen sich die Huren nicht, wenn Sie gebrechlich Seindt So kan Man Sie versorgen, seindt Sie gesundt So können Sie heirathen oder arbeiten, das Komt ihren Stande zu.«

Über die Poeten

An Voltaire: »Diese jungen Dichter sind für ihr Alter zu faul. Sie wollen Lorbeeren pflücken, ohne sich die Mühe zu geben, welche zu suchen, und die geringste Ernte an Ruhm genügt ihnen schon zur Sättigung.«

An den Lordmarschall George Keith: »Euer Brief, lieber Mylord, über Rousseau aus Genf hat mir viel Freude gemacht. Ich sehe, wir sind in seiner Beurteilung einig. Man muß den Ärmsten unterstützen, sein ganzes Vergehen besteht in seinen wunderlichen Ansichten, die er aber für gut hält. Ich lasse Euch 100 Taler zugehen und bitte Euch, ihm davon soviel zuzustellen, als er für seinen Unterhalt braucht. Wenn man ihm alles in natura gibt, wird er es vermutlich eher annehmen als Geld. Hätten wir nicht Krieg und wären wir nicht zugrunde gerichtet, so ließe ich ihm eine Einsiedelei in einem Garten anlegen, da könnte er leben, wie unsere Urväter nach seiner Meinung gelebt haben. Offen gesagt, meine Ansichten sind den seinen so entgegengesetzt wie das Endliche dem Unendlichen, er wird mich nie dazu bringen, Gras zu fressen und auf allen vieren zu laufen. Allerdings ist der ganze asiatische Luxus, das Raffinement in Tafelfreuden, Wollust und Weichlichkeit zu unserem Leben nicht nötig. Wir könnten sehr wohl einfacher und mäßiger leben — doch warum auf die Reize des Daseins verzichten, wenn man sie genießen kann? Die wahre Philosophie besteht nach meiner Meinung darin, sich den rechten Genuß nicht zu versagen, aber den Mißbrauch zu verurteilen. Man muß alles entbehren können und doch auf nichts verzichten.«

An die Herzogin Luise Dorothea von Sachsen-Gotha: »Trieben die Herren Schriftsteller weniger Mißbrauch mit der so schönen Kunst, die Gedanken, die wir besitzen, drucken lassen zu können, dächten sie stets daran, daß jeder, der ein schlechtes Buch schreibt, nicht seinen Ruf begründet, sondern seine Narrheit verewigt, so erschienen nur noch solche Werke, die belehren oder gefallen. Und fürwahr: warum soll das Publikum seine Zeit vergeuden, nur weil ein Narr auf den Einfall gekommen ist, unter die Schriftsteller zu gehen und seine wunderlichen Ansichten zum besten zu geben?«

Vermischtes
über Tänzer, Professoren, Ärzte und Huren, die lieben Berliner nicht zu vergessen

Randverfügung auf dem Gesuch eines Berliner Weinhändlers um Entschädigung für den ihm während des Krieges gestohlenen Wein: »Warum nicht auch Was er bei der sündfluht gelitten. Wo seine Keler auch unter Wasser gestanden.«

Randverfügung auf dem Gesuch des Philosophen Johann Georg Sulzer, sich zur Wiederherstellung seiner Gesundheit im Winter nach Italien begeben zu dürfen: »wenn Er nach Italien gehen Will Kann er thun. Ich habe aber Noch nicht gehört, daß einer in Italien gesund worden der in Deutschland Krank gewesen.«

Antwort auf einen Bericht des Grafen Friedrich Rudolf v. Rothenburg über seine Verhandlungen mit den Tänzern der Berliner Oper: »Ich bin Ihnen sowohl des Publikums wegen wie persönlich sehr verbunden für Ihre Bemühungen, dem ersten Tänzer unserer Oper den Kopf zurechtzusetzen. Mir scheint, daß alles ein Maß haben muß und daß die Gehälter derer, die dem Staat etwas nützen, höher sein müssen als die Gagen von Leuten, die ihm nur durch Luftsprünge dienen.«

Randverfügung auf dem Gesuch eines Generalmajors um einen Stiftsplatz für seine Tochter: »Es seynd 30 bis 40 anwartschaften auf jeder Stelle. Er soll hübsch Jungens Machen die kann ich alle unterbringen aber mit die Madames weiß ich nirgends hin.«

Randverfügung auf dem Gesuch eines Landrats um Entschädigung für durch Brand erlittene Verluste: »am jüngsten Tag krigt ein jeder alles Wieder was er in diesem Leben verlohren hat.«

Randverfügung auf dem Gesuch der Kolonisten des Amtes Wollup, ihnen den Hofdienst von 15 Tagen im Jahr zu erlassen: »Da Könen Sie nicht darüber Klagen an anderen öhrten müßen die unterthanen 2 Mahl die Woche Herrn Dienste thun.«

Antwort auf einen Antrag der Chirurgen, den Scharfrichtern die Ausübung des Heilberufs zu verbieten: »Da aber S. M: nicht indistinctement allen Scharfrichtern sondern nur denen habilen solch curiren erlaubt haben, so lassen höchstdieselben es auch dabei fernerhin bewenden: maßen das Publikum in nötigen Fällen Hülfe haben will, und wann die Chirurgi so habil sind, als sie sich in ermeldeter ihrer Vorstellung gerühmet haben, jedermann sich ihnen lieber anvertrauen, als bei einem Scharfrichter in die Cur geben wird; wohingegen aber, wann unter die Chirurgos ignoranten seind, das publikum darum nicht leyden kann, sondern jene sich gefallen lassen müssen, daß sich jemand lieber durch einen Scharfrichter curiren und helfen lasse, als ihnen zu gefallen lahm und ein Krüppel bleiben. Und also sollen sich die Chirurgi nur erst alle recht geschickt machen und habilitiren, so werden die Curen derer Scharfrichter von selbsten und ohne Verbot aufhören.«

Antwort auf einen Vorschlag des Oberkuratoriums zur Verbesserung der Universität in Frankfurt (Oder): »Sie haben aber zu viel Professores. Sie sollten wenige, aber tüchtige, berühmte Männer nehmen, wodurch die Universitäten am besten in Flor kommen. Pedanten und faule Bäuche schaden mehr, als sie nützen.«

Kabinettsorder an den Berliner Polizeipräsidenten: »Nicht allein in denen öffentlichen Hurenhäusern sondern auch sonst in der Stadt, soll eine Menge inficirte Frauensleute vorhanden sein. Ich will also, und wie Ihr ohne Mein Erinnern schon von Zeit zu Zeit hättet verfügen sollen, daß diejenigen Oerter wo sich dergl. aufhalten können, durch dazu geschickte Weibspersonen gehörig nachgesehen, die inficirte Menscher aufgehoben und nach der Charité gebracht, demnächst aber und sobald selbige vollkommen kuriret sind, wieder auf freien Fuß gestellet werden. Ihr habt solches ohne Zeitverlust gehörig zu veranstalten.«

Randverfügung auf einer Anfrage, ob am Gymnasium in Brieg sächsische Lehrer angestellt werden dürften: »Die Saksen haben beßere Schulmeisters wie wihr, absonderlich werden Sie in hiesigen provinzen von großen Nutzen Seindt.«

Kabinettsorder über die Ordnung in den Feldlazaretten: »... wenn die Doctors und Feldscheers ihr Devoir nicht mit Fleiß und Rechtschaffenheit wahrnehmen; denen Krancke und Bleßirte, die Nahrung die sie haben müßen nicht ordentlich gereichet wird, und sie das nicht kriegen, was ihnen zukommt, sie auch nicht ordentlich abgewartet, sondern vernachläßigt und versäumet werden; oder auch wenn sie von denjenigen stehlen, was Se. Königl. Maj. zur Wartung und Pflege der Krancken und Verwundeten, auch überhaupt zum Unterhalt der Lazarether hergegeben, diejenigen, die dergleichen überführet werden, und sei wer es wolle, müßen die Capitains sogleich arretiren und in Ketten schliessen laßen, welche dann der Proceß mit aller Strenge gemacht werden muß, und weil ein jeder Mensch, der einen andern umbringt, mit dem Tode bestraft wird, so verdienen nothwendig diejenigen, noch härter bestraft zu werden, die da Leuthe welche vor das Vaterland ihr Leben und Gesundheit gewagt, durch Nachlässigkeit und Gewinnsucht umbringen, und umkommen laßen.«

Randverfügung auf dem Gesuch des Bildhauers Johann Melchior Kambly, seinen Sohn zur Ausbildung nach Italien schicken zu dürfen: »der Sohn Kan alles hier lernen, und wirdt Nirgendt in Einer beßeren Schule als bei Vahter Seindt.«

Randverfügung auf dem Gesuch, in der Nähe des Tiergartens einen Friedhof anlegen zu dürfen: »es ist So viel Sandt vohr der oranienburger Landtwehr da macht Kirchhöwe aber nicht aus guht Landt.«

Randverfügung auf dem Gesuch, in Berlin eine Schnapsfabrik errichten zu dürfen: »ich wills den Teufel thun ich wünsche daß daß giftig garstigs Zeug gar nicht da Wäre und getrunken würde.«

Randverfügung auf der Eingabe zweier Beamtenfrauen, der König möge entscheiden, welche von ihnen den höheren Rang habe: »Die größte Närrin geht voran.«

Randverfügung auf dem Gesuch eines Handwerkers, ihm die Reinigung der Möbel im Neuen Palais zu übertragen: »er Sol hübsch arbeiten und kein Narrenpossen Sich in Kop setzen.«

An seinen Bruder Heinrich, der sich über den schlechten Geschmack der Berliner beklagt hatte: »Glaube mir, unsere guten Berliner sind Truthähne ohne Geschmack und Herz; was ihnen Spaß macht, sind Laterna magica-Bilder und Plattheiten. Das Schöne liegt ihnen fern; die Verse Racines lassen sie kalt und ein

Hanswurst, der ihnen den Hintern zeigt, dünkt ihnen erhabener als die ›Äneis‹ und die ›Henriade‹. Ich weiß nicht, was ich dabei tun soll, aber es ist tatsächlich so. Vielleicht wird dieser allgemeine Mangel an Geschmack durch höhere Bildung mit der Zeit verschwinden. Bei meinem Alter werde ich diesen glücklichen Wandel nicht mehr erleben; ein Volk läßt sich nicht im Handumdrehen bilden.«

Randverfügung auf dem Vorschlag, eine Stelle in der Mindener Bauverwaltung mit einem Beamten aus der Berliner Kammer zu besetzen: »nichts aus der berlinischen Kammer, es Seindt lauter Schlüngels.«

Randverfügung auf dem Gesuch eines Maurergesellen, sich in Berlin niederlassen zu dürfen: »Wohr nicht Meisters genung Seindt kan man ihm an Nehmen wohr er nicht faul wie die berliner Seindt ist.«

Titeljäger und Ordensbettler

Randverfügung auf dem Gesuch eines Tabakshändlers, ihm den Titel Kommissionsrat zu verleihen: »Ich kenne Ihn zu wenig, als daß Ich Ihm Kommissionen antragen sollte. Passender für Ihn ist der Titel: Tabacksrath, den Ich Ihm hierdurch beilege, und Ihm gegen Entrichtung der Gebühren zu führen erlaube.«

Randverfügung auf dem Gesuch eines Buchhändlers um Verleihung des Kommerzienratstitels: »Buchhändler, das ist ein honetter Titel.«

Randverfügung auf dem Gesuch eines Geistlichen, der König möge ihm ein Ordenskreuz verleihen: »Seindt schon so viel Creutzer, das man bald nicht weis, was es ist.«

Randverfügung auf dem Gesuch eines Arztes, ihm den Titel Leib- und Hofmedikus zu verleihen: »Ich habe keinen Leibmedicus und auch keinen Hoffmedicus und ich halte keinen Hoffmedicus und brauche auch keinen, wenn er sonst ein guter Medicus ist, so kann er das doch seyn ohne leib oder hoff Medicus zu heißen.«

Randverfügung auf dem Gesuch eines Tierarztes, ihm den Titel eines Hofrats zu verleihen: »Die Pferde gehören so wenig zu meinem Hof als der Pferdearzt unter die Räte. Indessen hat der Supplikant seine Verdienste und so soll Er künftig den Titel Viehrat führen.«

Randverfügung auf der Mitteilung eines Kammerherrn, der König von Dänemark habe ihm für eine Huldigungsschrift eine Auszeichnung verliehen: »ich gratulire daß die Bettelei so gut reussiert.«

„Es ist genug, daß dieser König nicht ganz dumm war ..."

An Voltaire: »Ihre glückliche Naturanlage, Ihr spielend leichter und fruchtbarer Geist haben Sie mühelos zum Dichter gemacht. Ich räume meine geringe Begabung ein; ich schwimme im Meer der Poesie mit Blasen und Binsen unter den Armen. Die Kunst, mich auszudrücken, hält mit meinem Denken nicht Schritt; meine Gedanken sind oft stärker als mein Ausdruck, und in dieser Notlage dichte ich so gut ich eben kann.«

An Voltaire: »Ich liebe die Poesie immer noch. Mein Talent ist gering; da ich aber nur zu meinem eigenen Vergnügen Papier bekritzele, so kann es dem Publikum gleichgültig sein, ob ich Whist spiele oder mit den Schwierigkeiten der Metrik kämpfe.«

An Voltaire: »Hätte wohl jemand vermutet, lieber Voltaire, daß ein Musensohn dazu bestimmt sein könnte, Hand in Hand mit einem Dutzend gravitätischer Narren, die man große Politiker nennt, das große Rad der europäischen Ereignisse zu drehen? Und doch ist diese Tatsache authentisch — nicht sehr zu Ehren der Vorsehung.
Dabei fällt mir die Geschichte von dem Pfarrer und dem Bauern ein; der Bauer sprach zu dem Pfarrer von dem Herrgott in Worten einfältiger Verehrung. ›Geh, geh‹, sagte der gute Seelenhirt, ›du machst dir eine größere Vorstellung von ihm, als wirklich daran ist. Ich, der ich ihn verkaufe und ihn dutzendweise mache, weiß, was an ihm ist.‹ «

An seinen Bruder August Wilhelm, der ihm zum Tod eines Freundes kondoliert hatte: »Ach, mein lieber Bruder, ist einer erst tot, dann läßt sich gut fragen, ob es wohl möglich gewesen wäre, daß er am Leben blieb. Ins Gesicht gelacht hätte der arme Lord seinen Zergliederern, wenn er dazu imstande gewesen wäre, hätte er in der Hand des einen seine Leber, in der des anderen seine Lunge gesehen und all den Unsinn angehört, den die Gelehrsamkeit in solchen Fällen zum besten gibt. Ich für meine Person habe verboten, mich nach meinem Tode zu öffnen. Es ist genug an dem Spaß, den man bei seinen Lebzeiten der Welt macht; ihr auf Kosten seiner Milz, Leber und Lunge noch eine Kurzweil zu verschaffen, ist zuviel verlangt.«

An Voltaire: »Ihr Name wird die Jahrhunderte bis in Ewigkeit füllen; von meinen Werken wird man sagen: Es ist genug, daß dieser König nicht ganz dumm war ... Wenn er Privatmann gewesen wäre, hätte er als Korrektor bei einem Buchhändler sein Brot verdienen können. Dann aber legt man sein Buch beiseite, macht Lockenwickel daraus, und bald redet keiner mehr davon.«

An die Kurfürstin Maria Antonia von Sachsen: »Ich liebe die Philosophie; ich bemühe mich, weise zu werden, wenn ich es vermag, aber ich bin nicht so dünkelhaft und verblendet, daß ich mich für einen Weisen halte. Hätte ich zu

A. VOGEL

beichten, ich sagte Ew. Königl. Hoheit: mein Herz ist gerade und meine Absichten sind lauter, aber ich bin schwach, und trotz meines Wunsches, weise zu werden, geschieht es, daß ich Bosheiten begehe, die ich nachher bereue. Dies das ehrliche Geständnis meines Wesens.«

An den Lordmarschall George Keith: »Die Menschen betrachten uns Könige in derselben Weise, wie sie die kleinen Kinder betrachten, die schon mit ihrem Lallen Bewunderung ernten, als sei das schon viel für ihr Alter: ganz erstaunt sind sie, wenn unsereiner weder stumpfsinnig noch närrisch ist, so daß man schon mit unseren bescheidensten vernünftigen Handlungen zufrieden ist.«

Kleiner Leitfaden für Anfänger im Friderizianischen

abstrahiren — von etwas abstehen
accelleriren — beschleunigen
ad rem — zur Sache
Ambition — Ehrgeiz
applikable, Applikation — anwendbar, Anwendung
Approbation — Bestätigung
Auditeur — Untersuchungsrichter, Anklagevertreter
cassiren — aus dem Dienst entlassen
communitziret — mitgeteilt
Conduite — Betragen, Führung
Confirmationes — Gerichtsbeschlüsse
conformité — Übereinstimmung
Conservation — Erhaltung, Bewahrung
Contrebandier — Schmuggler
convenable — passend, angemessen
curente Sachen — laufende Angelegenheiten
deliberiren — beraten
destiniret — bestimmt, vorgesehen
Devoir — Pflicht
Ertz Schäckers — Erzschächer, große Spitzbuben

excusiren — entschuldigen
exsponiren — (einer Gefahr) aussetzen
Fatalité — Schicksal
Gazette — Zeitung
geberenheitert — auf der Bärenhaut gelegen ...
genieret — belästigt ...
habil — geschickt ...
in der Care gehen — eine Karrenstrafe verbüßen
in der Care Schicken — zu Karrenstrafe verurteilen
indistinctement — ohne Unterschied
industrieus — fleißig
infamien — Schändlichkeiten, Ehrlosigkeiten
Impertinentzien — Unverschämtheiten
intendirt — beabsichtigt
Mariage — Heirat
Menage — Haushalt
mérite personnel — persönliches Verdienst
meritiren — verdienen
negligent — nachlässig
Negotio — Handel
nobiliren — adeln
particulier — privat
Pièce — Aktenstück
Podagra — Gicht
pöplieren — bevölkern
poßeßions — Besitztümer
pousiren — voranbringen
pränumeriren — im voraus zahlen
prätendiren — Anspruch erheben

profesieren — bekennen
raisoniren — widersprechen, nörgeln
Recompence — Entschädigung
Remission, remittiren — Rücksendung, zurücksenden
reussiert — Erfolg hat, gelingt
ridicul — lächerlich
rigueur, rigoureus — Strenge, streng
Sententz — Urteil
Supplikant — Bittsteller
tractiren — behandeln
Traktament — Gehalt
Viollance — Gewaltmaßnahme

Zur unterschiedlichen Schreibweise der Zitate

Nach seinen eigenen Worten sprach und schrieb Friedrich das Deutsche »wie ein Kutscher«. Besonders grobe Verstöße gegen Grammatik und Rechtschreibung weisen daher stets auf des Königs eigene Hand hin. Einige Entscheidungen diktierte Friedrich seinen Ministern und Sekretären in die Feder — und diese beherrschten ihre Muttersprache besser als der Monarch. Bei Zitaten in einwandfreiem Deutsch handelt es sich um Übersetzungen aus dem Französischen oder um Nachschriften verlorengegangener Originale.

CAETERUM CENSEO

Nachwort

Das friderizianische Preußen war eine absolute Monarchie, in der Seine Gnaden, der Junker, viel, der Bürger wenig, der Bauer noch weniger galt. Und diese Monarchie verfügte über eine perfekte Militärmaschine, die dem Herrscher eine Eroberungspolitik großen Stils ermöglichte. Wie ein Brigant fiel Friedrich 1740 über Österreich her und entriß ihm Schlesien. Auch bei der ersten Teilung Polens im Jahr 1772 machte er fette Beute. Voltaire hatte recht, als er schrieb: »Der Fürst wirft seinen Philosophenmantel ab und ergreift den Degen, sobald er eine Provinz erblickt, die ihm gefällt.«

Es war alles andere als ein Vergnügen, ein Preuße zu sein. Der Bauer zahlte bis zum Weißbluten. Zum Dank dafür nahm ihm der König seine Söhne: Mindestens die Hälfte der Armee, mit der Friedrich in den Siebenjährigen Krieg zog, bestand aus zwangsrekrutierten märkischen, pommerschen und ostpreußischen Bauernjungen. Der Bürger brauchte zwar in der Regel kein Gewehr in die Hand zu nehmen, aber auch von ihm forderte der Herrscher, daß er sich der Staatsräson bedingungslos unterordnete. Wer nicht parierte, bekam von Seiner Majestät grobe Worte zu hören. Und wer dann noch nicht begriff, was die Glocke geschlagen hatte, dem geschah Schlimmeres.

Nein, es besteht kein Grund, das alte Preußen zu verherrlichen – auch wenn der Alte Fritz nun wieder unter uns Berlinern weilt, hoch zu Roß, den Dreispitz ein wenig schief aufgesetzt und in einer viel propereren Montur, als er sie zu Lebzeiten trug. Immerhin, das Denkmal provoziert einige Fragen, die sich nicht mit Grundsatzerklärungen beantworten lassen. Es muß etwas an diesem Mann gewesen sein, das ihn von anderen gekrönten Häuptern unterschied. Wie wäre es sonst zu erklären, daß kritische Intellektuelle wie der gottlose Spötter Voltaire, der Materialist La Mettrie, der Skeptiker d'Alembert, der witzige Antiklerikale d'Argens, der Naturwissenschaftler Algarotti seine Nähe suchten und mit ihm in der Regel gut auskamen, auf alle Fälle besser als mit ihren angestammten Landesherren?

Eines vor allem weckte die Neugier der Zeitgenossen: Dieser Friedrich war eine Ausnahme unter den Königen seiner Zeit. Wo fand man in Europa schon einen Monarchen, der wie ein Eremit lebte? Der aufstand, wenn andere Herrscher zu Bett gingen, frühmorgens um fünf, in seinen letzten Lebensjahren sogar um drei Uhr? Der sein Vergnügen nicht im Ballsaal oder am Spieltisch suchte, sondern in der Unterhaltung mit

Individuen, deren Anschauungen sich, gelinde gesagt, nicht gerade durch Rechtgläubigkeit auszeichneten? Der sich die Frauen weit vom Leib hielt – und dies in einem Jahrhundert, in dem die meisten Staatsverträge und Allianztraktate nach Parfüm dufteten?

Zudem ging diesem Friedrich der Ruf voraus, daß er ein gebildeter Mann war. Er las viel, und es schien, als ob er auch begriff, was er las. Wenigstens äußerte er gelegentlich Ansichten, die in verblüffender Weise mit dem übereinstimmten, was die besten Köpfe in Europa für vernünftig hielten. Dergleichen hatte man noch nie aus dem Mund eines Königs vernommen. Begann nach der Herrschaft des Rohrstocks nun das ersehnte Zeitalter, in dem Recht und Billigkeit regierten? Auf alle Fälle konnte es nicht schaden, sich diesen weißen Raben einmal etwas näher anzuschauen.

Einiges deutete darauf hin, daß hinter den Absichtserklärungen des Königs von Preußen mehr steckte als der Wunsch, sich durch Freigeisterei einen Namen zu machen. Friedrich hatte die Folter abgeschafft. Es kam vor, daß er korrupte Richter davonjagte und prügelnde Beamte ihrer Posten enthob. Man sagte ihm nach, daß er die Intoleranz verabscheute – besonders die Unduldsamkeit der Geistlichen. Zur Freude derer, die etwas freier zu atmen wünschten, sekkierte er sie mit der Forderung, sie sollten sich endlich einmal selber nach den Moralgesetzen richten, die sie von der Kanzel verkündeten. In Berlin und Potsdam erschienen Bücher, die anderswo verboten waren.

Freilich, die Toleranz des Königs hatte Grenzen. »Gazetten dürfen nicht genieret werden« klingt gut, aber die Praxis sah anders aus als die Theorie: Es gab keine freie Presse im friderizianischen Preußen. Es stimmt, daß Friedrich weniger Todesurteile unterzeichnete als sein despotischer Vater, aber darum ließ er seine Soldaten doch so unbarmherzig prügeln, daß viele von ihnen das Gassenlaufen nicht überlebten. Bei Torgau, Anno 1760, trieb er seine erschöpften Grenadiere mit dem Ruf: »Kerls, wollt ihr denn ewig leben?« wieder in das mörderische Feuer der österreichischen Batterien: Die Sorge für die invaliden Unteroffiziere und Feldwebel, die dem siebenjährigen Gemetzel glücklich entronnen waren, wiegt daneben leicht. Der Einfluß aufgeklärter Philosophie endete dort, wo die Staatsräson begann – versteht sich, nicht nur in Preußen, sondern überall in Europa.

Im persönlichen Umgang erwies sich dieser Friedrich als ein amüsanter und anregender Partner. Die Tafelrunde von Sanssouci war ein Novum in der Geschichte der europäischen Höfe: Hier gab es keine Tabus, hier durfte Respektwidriges und Radikales ausgesprochen werden, vorausgesetzt, daß es witzig geschah. Nur selten kehrte der

Gastgeber den König heraus. Man mußte schon etwas anstellen, das ihn ins öffentliche Gerede brachte, um bei ihm in Ungnade zu fallen. Voltaire mischte sich in einen Streit, der ihn im Grunde nichts anging. Friedrich nahm es ihm übel und ließ seinen »Lehrmeister in Punkt- und Kommafragen« 1753 von dannen ziehen. Aber vier Jahre später schrieben sich die beiden wieder liebenswürdige Briefe, manchmal auch weniger liebenswürdige ...

Wen wunderte es, daß sich um diesen König schon zu seinen Lebzeiten Legenden bildeten? Nicht wenige Intellektuelle hielten ihn für einen Mann, der das Beste wollte und nur durch den Zwang der Umstände daran gehindert wurde, seine menschenfreundlichen Absichten zu realisieren. Sie waren im Irrtum: Nie hat Friedrich wirklich erwogen, die bestehende Ordnung von Grund auf umzugestalten. Es ging ihm lediglich darum, jene Vernunftwidrigkeiten und Mißbräuche zu beseitigen, welche die Funktionstüchtigkeit des preußischen Staates beeinträchtigten. Die Tatsache, daß vier Fünftel der Bevölkerung in Unfreiheit lebten, nahm er als gegeben und unabänderlich hin, aber er fuhr dazwischen, wenn jemand einen Bauern über das von den Gesetzen erlaubte Maß hinaus zu kujonieren versuchte. Er glaubte allen Ernstes, daß allein der Adel Ehrgefühl besaß, und achtete streng darauf, daß sich kein Bürgerlicher in diesen exklusiven Kreis drängte, doch er hatte auch begriffen, daß dem Egoismus der Massow und Bredow aus Gründen der Staatsräson Zügel angelegt werden mußten: Sonst bestand die Gefahr, daß sich eines Tages das Unterste zuoberst kehrte ...

Friedrich tat wenig, gemessen an den Hoffnungen, die man an seinen Regierungsantritt geknüpft hatte, aber doch weit mehr, als andere deutsche Fürstlichkeiten für ihre Untertanen zu tun bereit waren. Neben solchen Miserabilitäten wie dem Landgrafen von Hessen-Kassel und dem Herzog von Württemberg wirkte er in der Tat wie ein Riese. Und auch im Vergleich mit dem allerchristlichsten König von Frankreich, Ludwig XV., schnitt er nicht schlecht ab. Er betrachtete es als seine Pflicht, alles an sich zu ziehen und in jedem Fall die letzte Entscheidung zu treffen. Damit bürdete er sich eine immense Arbeitslast auf – was unter anderem zur Folge hatte, daß ihm auch jene Respekt bezeigten, welche seine auf die Erhaltung des Bestehenden gerichtete Politik ablehnten. »Es ist doch was einziges um diesen Menschen«, schrieb Goethe seinem vertrautesten Freund, dem Prinzenerzieher Karl Ludwig von Knebel, und er schrieb es zu einer Zeit, als er nicht mehr, wie noch als junger Mann, »fritzisch« gesinnt war.

Es gehörte zu den Eigentümlichkeiten des friderizianischen Regierungsstils, daß alles über den Schreibtisch des Königs ging – das Wichtige wie das Unwichtige und das

Ernste ebenso wie das Lächerliche. Aus den Verfügungen, die Friedrich an den Rand der Akten kritzelte, ist die Linie seiner Politik klar zu erkennen: Er milderte das Los des einzelnen, wenn sich ihm Gelegenheit dazu bot, aber er weigerte sich, Veränderungen, die das Wesen der Gesellschaft berührten, auch nur in Erwägung zu ziehen. Und er verlangte unbedingten Gehorsam – vor allem von den Offizieren und Beamten. Sie hielt er, von Ausnahmen abgesehen, allesamt für »faule Bäuche«, die bloß dann ihre Pflicht taten, wenn der Knüppel beim Hund lag. Unablässig trieb er die Säumigen an und gebrauchte grobe Worte, sobald er vermutete, daß ihn jemand für dumm verkaufen wollte. Menschenfreundlichkeit war nicht die stärkste Seite dieses Königs.

Die Randverfügungen, die Kabinettsordern und die Briefe, die Friedrich einigen seiner Vertrauten schrieb, sind eine fesselnde Lektüre – fesselnd auch für den, der den Schloßherrn von Sanssouci nicht gerade sympathisch findet. Wer ein Gefühl für sprachliche Originalität besitzt und geistreiche Bosheit zu schätzen weiß, wird seine Freude an ihnen haben. An dem durchaus kritischen Friedrichbild der zeitgenössischen Historiker gibt es wenig zu deuteln, aber als satirischen Gelegenheitsschriftsteller, als klugen Kopf, dem niemand ein X für ein U vormachen konnte, sollten wir den alten Mann gelten lassen ...

Bildunterschriften

Inhalt

ISBN 3-359-00128-1

6. Auflage

Rosa-Luxemburg-Str. 16, 10178 Berlin

Buchgestaltung: Kerstin Baarmann
Druck und Bindung: Druckerei zu Altenburg